TRANZLATY
Sprache ist für alle da
השפה מיועדת לכולם

Die Schöne und das Biest

היפה והחיה

Gabrielle-Suzanne Barbot de Villeneuve

Deutsch / עברית

Copyright © 2025 Tranzlaty
All rights reserved
Published by Tranzlaty
ISBN: 978-1-80572-011-9
Original text by Gabrielle-Suzanne Barbot de Villeneuve
La Belle et la Bête
First published in French in 1740
Taken from The Blue Fairy Book (Andrew Lang)
Illustration by Walter Crane
www.tranzlaty.com

Es war einmal ein reicher Kaufmann
פעם היה סוחר עשיר
dieser reiche Kaufmann hatte sechs Kinder
לסוחר העשיר הזה היו שישה ילדים
Er hatte drei Söhne und drei Töchter
היו לו שלושה בנים ושלוש בנות
Er hat keine Kosten für ihre Ausbildung gescheut
הוא לא חסך בעלות עבור החינוך שלהם
weil er ein vernünftiger Mann war
כי הוא היה אדם בעל הגיון
aber er gab seinen Kindern viele Diener
אבל הוא נתן לילדיו משרתים רבים
seine Töchter waren überaus hübsch
הבנות שלו היו יפות במיוחד
und seine jüngste Tochter war besonders hübsch
ובתו הצעירה הייתה יפה במיוחד
Schon als Kind wurde ihre Schönheit bewundert
בילדותה היופי שלה כבר זכה להערצה
und die Leute nannten sie nach ihrer Schönheit
ויקרא לה העם ביופיה
Ihre Schönheit verblasste nicht, als sie älter wurde
יופיה לא דעך ככל שהתבגרה
Deshalb nannten die Leute sie weiterhin wegen ihrer Schönheit
אז האנשים המשיכו לקרוא לה לפי יופיה
das machte ihre Schwestern sehr eifersüchtig
זה גרם לאחיותיה לקנא מאוד
Die beiden ältesten Töchter waren sehr stolz
לשתי הבנות הגדולות הייתה מידה רבה של גאווה
Ihr Reichtum war die Quelle ihres Stolzes
עושרם היה מקור הגאווה שלהם
und sie verbargen ihren Stolz nicht
והם גם לא הסתירו את גאוותם
Sie besuchten nicht die Töchter anderer Kaufleute
הם לא ביקרו את בנותיהם של סוחרים אחרים
weil sie nur mit Aristokraten zusammentreffen
כי הם נפגשים רק עם אריסטוקרטיה
Sie gingen jeden Tag zu Partys
הם יצאו כל יום למסיבות

Bälle, Theaterstücke, Konzerte usw.

נשפים, הצגות, קונצרטים וכדומה

und sie lachten über ihre jüngste Schwester

והם צחקו על אחותם הצעירה

weil sie die meiste Zeit mit Lesen verbrachte

כי היא בילתה את רוב זמנה בקריאה

Es war allgemein bekannt, dass sie reich waren

זה היה ידוע שהם עשירים

so hielten mehrere bedeutende Kaufleute um ihre Hand an

אז כמה סוחרים בולטים ביקשו את ידם

aber sie sagten, sie würden nicht heiraten

אבל הם אמרו שהם לא הולכים להתחתן

aber sie waren bereit, einige Ausnahmen zu machen

אבל הם היו מוכנים לעשות כמה חריגים

„Vielleicht könnte ich einen Herzog heiraten"

"אולי אוכל להתחתן עם דוכס"

„Ich schätze, ich könnte einen Grafen heiraten"

"אני מניח שאוכל להתחתן עם רוזן"

Schönheit dankte sehr höflich denen, die ihr einen Antrag gemacht hatten

יופי הודתה באדיבות רבה לאלה שהציעו לה נישואים

Sie sagte ihnen, sie sei noch zu jung zum Heiraten

היא אמרה להם שהיא עדיין צעירה מכדי להתחתן

Sie wollte noch ein paar Jahre bei ihrem Vater bleiben

היא רצתה להישאר עוד כמה שנים עם אביה

Auf einmal verlor der Kaufmann sein Vermögen

בבת אחת איבד הסוחר את ההון

er verlor alles außer einem kleinen Landhaus

הוא איבד הכל מלבד בית כפרי קטן

und er sagte seinen Kindern mit Tränen in den Augen:

ויאמר לילדיו בעיניים דמעות :

„Wir müssen aufs Land gehen"

"אנחנו חייבים ללכת לכפר"

„und wir müssen für unseren Lebensunterhalt arbeiten"

"ועלינו לעבוד למחייתנו"

die beiden ältesten Töchter wollten die Stadt nicht verlassen

שתי הבנות הגדולות לא רצו לעזוב את העיר

Sie hatten mehrere Liebhaber in der Stadt

היו להם כמה אוהבים בעיר

und sie waren sicher, dass einer ihrer Liebhaber sie heiraten würde

והם היו בטוחים שאחד ממאהביהם יתחתן איתם

Sie dachten, ihre Liebhaber würden sie heiraten, auch wenn sie kein Vermögen hätten

הם חשבו שהמאהבים שלהם יתחתנו איתם גם בלי הון

aber die guten Damen haben sich geirrt

אבל הגברות הטובות טעו

Ihre Liebhaber verließen sie sehr schnell

האוהבים שלהם נטשו אותם מהר מאוד

weil sie kein Vermögen mehr hatten

כי לא היה להם יותר הון

das zeigte, dass sie nicht wirklich beliebt waren

זה הראה שהם לא ממש אהבו

alle sagten, sie verdienen kein Mitleid

כולם אמרו שלא מגיע להם שירחמו עליהם

„Wir sind froh, dass ihr Stolz gedemütigt wurde"

"אנחנו שמחים לראות את גאוותם מושפלת"

„Lasst sie stolz darauf sein, Kühe zu melken"

"תנו להם להיות גאים בחליבת פרות"

aber sie waren um Schönheit besorgt

אבל הם דאגו ליופי

sie war so ein süßes Geschöpf

היא הייתה יצור כל כך מתוק

Sie sprach so freundlich zu armen Leuten

היא דיברה כל כך בחביבות לאנשים עניים

und sie war von solch unschuldiger Natur

והיא הייתה בעלת אופי תמים כל כך

Mehrere Herren hätten sie geheiratet

כמה ג'נטלמנים היו מתחתנים איתה

Sie hätten sie geheiratet, obwohl sie arm war

הם היו מתחתנים איתה למרות שהיא הייתה ענייה

aber sie sagte ihnen, sie könne sie nicht heiraten

אבל היא אמרה להם שהיא לא יכולה להתחתן איתם

weil sie ihren Vater nicht verlassen wollte

כי היא לא תעזוב את אביה

sie war entschlossen, mit ihm aufs Land zu fahren
היא הייתה נחושה ללכת איתו לכפר
damit sie ihn trösten und ihm helfen konnte
כדי שתוכל לנחם ולעזור לו
Die arme Schönheit war zunächst sehr betrübt
היופי המסכן היה צער מאוד בהתחלה
sie war betrübt über den Verlust ihres Vermögens
היא התאבלה על אובדן הונה
„Aber Weinen wird mein Schicksal nicht ändern"
"אבל בכי לא ישנה את מזלי "
„Ich muss versuchen, ohne Reichtum glücklich zu sein"
"אני חייב לנסות לשמח את עצמי בלי עושר "
Sie kamen zu ihrem Landhaus
הם הגיעו לביתם הכפרי
und der Kaufmann und seine drei Söhne widmeten sich der Landwirtschaft
והסוחר ושלושת בניו התעסקו בבעלות
Schönheit stand um vier Uhr morgens auf
היופי עלה בארבע לפנות בוקר
und sie beeilte sich, das Haus zu putzen
והיא מיהרה לנקות את הבית
und sie sorgte dafür, dass das Abendessen fertig war
והיא דאגה שארוחת הערב תהיה מוכנה
ihr neues Leben fiel ihr zunächst sehr schwer
בהתחלה היא מצאה את חייה החדשים קשים מאוד
weil sie diese Arbeit nicht gewohnt war
כי היא לא הייתה רגילה לעבודה כזו
aber in weniger als zwei Monaten wurde sie stärker
אבל תוך פחות מחודשיים היא התחזקה
und sie war gesünder als je zuvor
והיא הייתה בריאה יותר מאי פעם
nachdem sie ihre arbeit erledigt hatte, las sie
אחרי שסיימה את עבודתה היא קראה
sie spielte Cembalo
היא ניגנה בצ'מבלו
oder sie sang, während sie Seide spann
או שהיא שרה בזמן שהיא סובבה משי
im Gegenteil, ihre beiden Schwestern wussten nicht, wie sie

ihre Zeit verbringen sollten

להיפך, שתי אחיותיה לא ידעו איך לבלות את זמנן

Sie standen um zehn auf und taten den ganzen Tag nichts anderes als herumzufaulenzen

הם קמו בעשר ולא עשו דבר מלבד להתעצל כל היום

Sie beklagten den Verlust ihrer schönen Kleider

הם קוננו על אובדן בגדיהם המשובחים

und sie beklagten sich über den Verlust ihrer Bekannten

והם התלוננו על איבוד מכריהם

„Schau dir unsere jüngste Schwester an", sagten sie zueinander

"תסתכל על אחותנו הצעירה", הם אמרו זה לזה

„Was für ein armes und dummes Geschöpf sie ist"

"איזה יצור מסכן וטיפש היא"

„Es ist gemein, mit so wenig zufrieden zu sein"

"זה כואב להסתפק בכל כך מעט"

der freundliche Kaufmann war ganz anderer Meinung

הסוחר החביב היה בדעה אחרת לגמרי

er wusste sehr wohl, dass Schönheit ihre Schwestern übertraf

הוא ידע היטב שהיופי עלה על אחיותיה

Sie übertraf sie sowohl charakterlich als auch geistig

היא עלתה עליהם באופי וגם בנפש

er bewunderte ihre Bescheidenheit und ihre harte Arbeit

הוא העריץ את הענווה שלה ואת עבודתה הקשה

aber am meisten bewunderte er ihre Geduld

אבל יותר מכל הוא העריץ את סבלנותה

Ihre Schwestern überließen ihr die ganze Arbeit

אחיותיה השאירו לה את כל העבודה לעשות

und sie beleidigten sie ständig

והם העליבו אותה בכל רגע

Die Familie hatte etwa ein Jahr lang so gelebt

המשפחה חיה כך במשך כשנה

dann bekam der Kaufmann einen Brief von einem Buchhalter

ואז הסוחר קיבל מכתב מרואה חשבון

er hatte in ein Schiff investiert

הייתה לו השקעה בספינה
und das Schiff war sicher angekommen
והספינה הגיעה בשלום
diese Nachricht ließ die beiden ältesten Töchter staunen
החדשות שלו הפכו את ראשן של שתי הבנות הגדולות
Sie hatten sofort die Hoffnung, in die Stadt zurückzukehren
מיד היו להם תקוות לחזור לעיר
weil sie des Landlebens überdrüssig waren
כי הם היו די עייפים מחיי הכפר
Sie gingen zu ihrem Vater, als er ging
הם הלכו אל אביהם כשהוא עזב
Sie baten ihn, ihnen neue Kleider zu kaufen
הם הפצירו בו שיקנה להם בגדים חדשים
Kleider, Bänder und allerlei Kleinigkeiten
שמלות, סרטים וכל מיני דברים קטנים
aber die Schönheit verlangte nichts
אבל היופי לא ביקש כלום
weil sie dachte, das Geld würde nicht reichen
כי היא חשבה שהכסף לא יספיק
es würde nicht reichen, um alles zu kaufen, was ihre Schwestern wollten
לא יספיק לקנות את כל מה שאחיותיה רצו
„Was möchtest du, Schönheit?", fragte ihr Vater
"מה היית רוצה, יופי?" שאל אביה
"Danke, Vater, dass du so nett bist, an mich zu denken", sagte sie
"תודה לך, אבא, על הטוב לחשוב עלי", היא אמרה
„Vater, sei so freundlich und bring mir eine Rose mit"
"אבא, היה כל כך נחמד להביא לי ורד "
„weil hier im Garten keine Rosen wachsen"
"כי לא צומחים כאן ורדים בגינה "
„und Rosen sind eine Art Rarität"
"וורדים הם סוג של נדירות "
Schönheit mochte Rosen nicht wirklich
ליופי לא ממש אכפת מוורדים
sie bat nur um etwas, um ihre Schwestern nicht zu verurteilen

היא רק ביקשה משהו כדי לא לגנות את אחיותיה
aber ihre Schwestern dachten, sie hätte aus anderen Gründen nach Rosen gefragt

אבל אחיותיה חשבו שהיא ביקשה ורדים מסיבות אחרות
„Sie hat es nur getan, um besonders auszusehen"

"היא עשתה את זה רק כדי להיראות ספציפית"
Der freundliche Mann machte sich auf die Reise

האיש החביב יצא למסעו
aber als er ankam, stritten sie über die Ware

אבל כשהוא הגיע הם התווכחו על הסחורה
und nach viel Ärger kam er genauso arm zurück wie zuvor

ואחרי הרבה צרות חזר עני כמו קודם
er war nur ein paar Stunden von seinem eigenen Haus entfernt

הוא היה בתוך כמה שעות מהבית שלו
und er stellte sich schon die Freude vor, seine Kinder zu sehen

והוא כבר דמיין את השמחה לראות את ילדיו
aber als er durch den Wald ging, verirrte er sich

אבל כשעבר ביער הוא הלך לאיבוד
es hat furchtbar geregnet und geschneit

ירד גשם וירד שלג נורא
der Wind war so stark, dass er ihn vom Pferd warf

הרוח הייתה כל כך חזקה שהפילה אותו מסוסו
und die Nacht kam schnell

והלילה הגיע במהירות
er begann zu glauben, er müsse verhungern

הוא התחיל לחשוב שהוא עלול לגווע ברעב
und er dachte, er könnte erfrieren

והוא חשב שהוא עלול לקפוא למוות
und er dachte, Wölfe könnten ihn fressen

והוא חשב שזאבים יכולים לאכול אותו
die Wölfe, die er um sich herum heulen hörte

הזאבים ששמע מייללים סביבו
aber plötzlich sah er ein Licht

אבל פתאום הוא ראה אור
er sah das Licht in der Ferne durch die Bäume

הוא ראה את האור מרחוק מבעד לעצים

als er näher kam, sah er, dass das Licht ein Palast war

כשהתקרב הוא ראה שהאור הוא ארמון

der Palast war von oben bis unten beleuchtet

הארמון היה מואר מלמעלה למטה

Der Kaufmann dankte Gott für sein Glück

הסוחר הודה לאלוהים על מזלו

und er eilte zum Palast

והוא מיהר אל הארמון

aber er war überrascht, keine Leute im Palast zu sehen

אבל הוא הופתע שלא ראה אנשים בארמון

der Hof war völlig leer

חצר בית המשפט הייתה ריקה לגמרי

und nirgendwo ein Lebenszeichen

ולא היה סימן חיים בשום מקום

sein Pferd folgte ihm in den Palast

הסוס שלו הלך אחריו לתוך הארמון

und dann fand sein Pferd großen Stall

ואז הסוס שלו מצא אורווה גדולה

das arme Tier war fast verhungert

החיה המסכנה הייתה כמעט רעב

also ging sein Pferd hinein, um Heu und Hafer zu finden

אז הסוס שלו נכנס למצוא חציר ושיבולת שועל

zum Glück fand er reichlich zu essen

למרבה המזל הוא מצא הרבה מה לאכול

und der Kaufmann band sein Pferd an die Krippe

והסוחר קשר את סוסו לאבוס

Als er zum Haus ging, sah er niemanden

כשהלך לעבר הבית לא ראה איש

aber in einer großen Halle fand er ein gutes Feuer

אבל באולם גדול מצא אש טובה

und er fand einen Tisch für eine Person gedeckt

ומצא שולחן ערוך לאחד

er war nass vom Regen und Schnee

הוא היה רטוב מהגשם והשלג

Also ging er zum Feuer, um sich abzutrocknen

אז הוא התקרב למדורה להתייבש

„Ich hoffe, der Hausherr entschuldigt mich"

"אני מקווה שאדון הבית יסלח לי"

„Ich schätze, es wird nicht lange dauern, bis jemand auftaucht."

"אני מניח שלא ייקח הרבה זמן עד שמישהו יופיע"

Er wartete eine beträchtliche Zeit

הוא חיכה זמן לא מבוטל

er wartete, bis es elf schlug, und noch immer kam niemand

הוא חיכה עד שהשכה אחת עשרה, ועדיין איש לא הגיע

Schließlich war er so hungrig, dass er nicht länger warten konnte

לבסוף הוא היה כל כך רעב שלא יכול היה לחכות יותר

er nahm ein Hühnchen und aß es in zwei Bissen

הוא לקח קצת עוף ואכל אותו בשתי פיות

er zitterte beim Essen

הוא רעד בזמן שאכל את האוכל

danach trank er ein paar Gläser Wein

אחרי זה שתה כמה כוסות יין

Er wurde mutiger und verließ den Saal

הוא הפך לאמיץ יותר והוא יצא מהאולם

und er durchquerte mehrere große Hallen

והוא חצה כמה אולמות מפוארים

Er ging durch den Palast, bis er in eine Kammer kam

הוא הלך דרך הארמון עד שנכנס לחדר

eine Kammer, in der sich ein überaus gutes Bett befand

חדר שהיה בו מיטה טובה מאוד

er war von der Tortur sehr erschöpft

הוא היה עייף מאוד מהניסיון שלו

und es war schon nach Mitternacht

והשעה כבר עברה אחרי חצות

also beschloss er, dass es das Beste sei, die Tür zu schließen

אז הוא החליט שעדיף לסגור את הדלת

und er beschloss, dass er zu Bett gehen sollte

והוא הסיק שעליו ללכת לישון

Es war zehn Uhr morgens, als der Kaufmann aufwachte

השעה הייתה עשר בבוקר כשהתעורר הסוחר

gerade als er aufstehen wollte, sah er etwas

בדיוק כשהוא עמד לקום הוא ראה משהו

er war erstaunt, saubere Kleidung zu sehen

הוא נדהם לראות סט בגדים נקי

an der Stelle, wo er seine schmutzigen Kleider zurückgelassen hatte

במקום שבו השאיר את בגדיו המלוכלכים

"Mit Sicherheit gehört dieser Palast einer netten Fee"

"אין ספק שהארמון הזה שייך לאיזו פיה "

„eine Fee, die mich gesehen und bemitleidet hat"

"פיה שראתה וריחמה עלי "

er sah durch ein Fenster

הוא הביט דרך חלון

aber statt Schnee sah er den herrlichsten Garten

אבל במקום שלג הוא ראה את הגן המענג ביותר

und im Garten waren die schönsten Rosen

ובגן היו הוורדים היפים ביותר

dann kehrte er in die große Halle zurück

לאחר מכן חזר לאולם הגדול

der Saal, in dem er am Abend zuvor Suppe gegessen hatte

האולם שבו אכל מרק בלילה הקודם

und er fand etwas Schokolade auf einem kleinen Tisch

והוא מצא קצת שוקולד על שולחן קטן

„Danke, liebe Frau Fee", sagte er laut

"תודה ,גברתי פיה הטובה ",הוא אמר בקול

„Danke für Ihre Fürsorge"

"תודה שאתה כל כך אכפתי "

„Ich bin Ihnen für all Ihre Gefälligkeiten äußerst dankbar"

"אני מאוד מחויב לך על כל טובותיך "

Der freundliche Mann trank seine Schokolade

האיש החביב שתה את השוקולד שלו

und dann ging er sein Pferd suchen

ואז הוא הלך לחפש את הסוס שלו

aber im Garten erinnerte er sich an die Bitte der Schönheit

אבל בגן הוא נזכר בבקשת היופי

und er schnitt einen Rosenzweig ab

והוא כרת ענף של שושנים

sofort hörte er ein lautes Geräusch

מיד שמע רעש גדול

und er sah ein furchtbar furchtbares Tier

והוא ראה חיה נוראית

er war so erschrocken, dass er kurz davor war, ohnmächtig zu werden

הוא כל כך פחד שהוא היה מוכן להתעלף

„Du bist sehr undankbar", sagte das Tier zu ihm

"אתה כפוי טובה מאוד ",אמרה לו החיה

und das Tier sprach mit schrecklicher Stimme

והחיה דברה בקול נורא

„Ich habe dein Leben gerettet, indem ich dich in mein Schloss gelassen habe"

" הצלתי את חייך בכך שהרשיתי לך להיכנס לטירה שלי "

"und dafür stiehlst du mir im Gegenzug meine Rosen?"

"ובשביל זה אתה גונב את הוורדים שלי בתמורה ?"

„Die Rosen sind für mich mehr wert als alles andere"

" הוורדים שאני מעריך מעבר לכל דבר "

„Aber du wirst für das, was du getan hast, sterben"

" אבל אתה תמות על מה שעשית "

„Ich gebe Ihnen nur eine Viertelstunde, um sich vorzubereiten"

" אני נותן לך רק רבע שעה להכין את עצמך "

„Bereiten Sie sich auf den Tod vor und sprechen Sie Ihre Gebete"

" תתכונן למוות ותגיד את תפילותיך "

der Kaufmann fiel auf die Knie

הסוחר נפל על ברכיו

und er hob beide Hände

והוא הרים את שתי ידיו

„Mein Herr, ich flehe Sie an, mir zu vergeben"

" אדוני ,אני מתחנן שתסלח לי "

„Ich hatte nicht die Absicht, Sie zu beleidigen"

" לא הייתה לי כוונה להעליב אותך "

„Ich habe für eine meiner Töchter eine Rose gepflückt"

" אספתי ורד לאחת מבנותיי "

„Sie bat mich, ihr eine Rose mitzubringen"

" היא ביקשה ממני להביא לה ורד "

„Ich bin nicht euer Herr, sondern ein Tier", antwortete das

Monster

"ענתה המפלצת, "אבל אני בהמה, אני לא אדונך"

„Ich mag keine Komplimente"

"אני לא אוהב מחמאות"

„Ich mag Menschen, die so sprechen, wie sie denken"

"אני אוהב אנשים שמדברים כמו שהם חושבים"

„glauben Sie nicht, dass ich durch Schmeicheleien bewegt werden kann"

"אל תדמיין שאני יכול להתרגש מחנופה"

„Aber Sie sagen, Sie haben Töchter"

"אבל אתה אומר שיש לך בנות"

„Ich werde dir unter einer Bedingung vergeben"

"אסלח לך בתנאי אחד"

„Eine deiner Töchter muss freiwillig in meinen Palast kommen"

"אחת מבנותיך חייבת לבוא לארמון שלי ברצון"

"und sie muss für dich leiden"

"והיא חייבת לסבול בשבילך"

„Gib mir Dein Wort"

"תן לי לומר את המילה שלך"

„Und dann können Sie Ihren Geschäften nachgehen"

"ואז אתה יכול להתעסק בעניינים שלך"

„Versprich mir das:"

": תבטיח לי את זה"

„Wenn Ihre Tochter sich weigert, für Sie zu sterben, müssen Sie innerhalb von drei Monaten zurückkehren"

"אם בתך מסרבת למות עבורך, עליך לחזור תוך שלושה חודשים"

der Kaufmann hatte nicht die Absicht, seine Töchter zu opfern

לסוחר לא היו כוונות להקריב את בנותיו

aber da ihm Zeit gegeben wurde, wollte er seine Töchter noch einmal sehen

אבל, מכיוון שניתן לו זמן, הוא רצה לראות את בנותיו פעם נוספת

also versprach er, dass er zurückkehren würde

אז הוא הבטיח שיחזור

und das Tier sagte ihm, er könne aufbrechen, wann er wolle

ותאמר לו הבהמה שיצא לדרך כשירצה

und das Tier erzählte ihm noch etwas

והחיה אמרה לו עוד דבר אחד

„Du sollst nicht mit leeren Händen gehen"

"לא תצא בידיים ריקות "

„Geh zurück in das Zimmer, in dem du lagst"

"חזור לחדר שבו שכבת "

„Sie werden eine große leere Schatzkiste sehen"

"אתה תראה תיבת אוצר ריקה גדולה "

„Fülle die Schatzkiste mit allem, was Dir am besten gefällt"

"מלא את תיבת האוצר במה שאתה הכי אוהב "

„und ich werde die Schatzkiste zu Dir nach Hause schicken"

"ואני אשלח את תיבת האוצר לביתך "

und gleichzeitig zog sich das Tier zurück

ובאותו זמן נסוגה החיה

„Nun", sagte sich der gute Mann

"טוב ",אמר האיש הטוב לעצמו

„Wenn ich sterben muss, werde ich meinen Kindern wenigstens etwas hinterlassen"

"אם אצטרך למות ,לפחות אשאיר משהו לילדים שלי "

so kehrte er ins Schlafzimmer zurück

אז הוא חזר לחדר המיטה

und er fand sehr viele Goldstücke

והוא מצא הרבה מאוד חתיכות זהב

er füllte die Schatzkiste, die das Tier erwähnt hatte

הוא מילא את תיבת האוצר שהחיה הזכירה

und er holte sein Pferd aus dem Stall

והוא הוציא את סוסו מהאורווה

die Freude, die er beim Betreten des Palastes empfand, war nun genauso groß wie die Trauer, die er beim Verlassen des Palastes empfand

השמחה שחש כשנכנס לארמון היתה שווה כעת לצער שחש ביציאה ממנו

Das Pferd nahm einen der Wege im Wald
הסוס לקח את אחת מדרכי היער
und in wenigen Stunden war der gute Mann zu Hause
ותוך כמה שעות האיש הטוב היה בבית
seine Kinder kamen zu ihm
הילדים שלו באו אליו
aber anstatt ihre Umarmungen mit Freude entgegenzunehmen, sah er sie an
אבל במקום לקבל את חיבוקיהם בהנאה, הוא הביט בהם
er hielt den Ast hoch, den er in den Händen hielt
הוא הרים את הענף שהיה בידיו
und dann brach er in Tränen aus
ואז הוא פרץ בבכי
„Schönheit", sagte er, „nimm bitte diese Rosen"
"יופי ",הוא אמר", בבקשה קח את הוורדים האלה "
„Sie können nicht wissen, wie teuer diese Rosen waren"
"אתה לא יכול לדעת כמה יקרו הוורדים האלה "
„Diese Rosen haben deinen Vater das Leben gekostet"
"הוורדים האלה עלו לאביך בחייו "
und dann erzählte er von seinem tödlichen Abenteuer
ואז הוא סיפר על ההרפתקה הקטלנית שלו
Sofort schrien die beiden ältesten Schwestern
מיד צעקו שתי האחיות הגדולות
und sie sagten viele gemeine Dinge zu ihrer schönen Schwester
והם אמרו הרבה דברים רעים לאחותם היפה
aber die Schönheit weinte überhaupt nicht
אבל היופי לא בכה בכלל
„Seht euch den Stolz dieses kleinen Schurken an", sagten sie
"תראה את הגאווה של העלוב הקטן הזה ",אמרו
„Sie hat nicht nach schönen Kleidern gefragt"
"היא לא ביקשה בגדים משובחים "
„Sie hätte tun sollen, was wir getan haben"
"היא הייתה צריכה לעשות מה שעשינו "
„Sie wollte sich hervortun"

"היא רצתה להבדיל את עצמה"
„so wird sie nun den Tod unseres Vaters bedeuten"

"אז עכשיו היא תהיה מות אבינו"
„und doch vergießt sie keine Träne"

"ואף על פי כן היא לא מזילה דמעה"
"Warum sollte ich weinen?", antwortete die Schönheit

"למה לי לבכות?"ענה יופי
„Weinen wäre völlig unnötig"

"לבכות יהיה מיותר מאוד"
„Mein Vater wird nicht für mich leiden"

"אבא שלי לא יסבול בשבילי"
„Das Monster wird eine seiner Töchter akzeptieren"

"המפלצת תקבל את אחת מבנותיו"
„Ich werde mich seiner ganzen Wut aussetzen"

"אקריב את עצמי לכל חמתו"
„Ich bin sehr glücklich, denn mein Tod wird das Leben meines Vaters retten"

"אני שמח מאוד, כי מותי יציל את חייו של אבי"
„Mein Tod wird ein Beweis meiner Liebe sein"

"מותי יהיה הוכחה לאהבתי"
„Nein, Schwester", sagten ihre drei Brüder

"לא, אחות,"אמרו שלושת אחיה
„das darf nicht sein"

"זה לא יהיה"
„Wir werden das Monster finden"

"נלך למצוא את המפלצת"
"und entweder wir werden ihn töten..."

"או שנהרוג אותו..."
„... oder wir werden bei dem Versuch umkommen"

"או שנאבד בניסיון"...
„Stellt euch nichts dergleichen vor, meine Söhne", sagte der Kaufmann

"אל תדמיינו דבר כזה, בני,"אמר הסוחר

„Die Kraft des Biests ist so groß, dass ich keine Hoffnung habe, dass Ihr es besiegen könntet."

"כוחה של החיה כל כך גדול שאין לי תקווה שתוכל להתגבר עליו"

„Ich bin entzückt von dem freundlichen und großzügigen Angebot der Schönheit"

"אני מוקסם מההצעה האדיבה והנדיבה של היופי"

„aber ich kann ihre Großzügigkeit nicht annehmen"

"אבל אני לא יכול לקבל את הנדיבות שלה"

„Ich bin alt und habe nicht mehr lange zu leben"

"אני זקן, ואין לי הרבה זמן לחיות"

„also kann ich nur ein paar Jahre verlieren"

"אז אני יכול להפסיד רק כמה שנים"

„Zeit, die ich für euch bereue, meine lieben Kinder"

"זמן שאני מתחרט בשבילכם, ילדים יקרים שלי"

„Aber Vater", sagte die Schönheit

"אבל אבא", אמרה יופי

„Du sollst nicht ohne mich in den Palast gehen"

"לא תלך לארמון בלעדיי"

„Du kannst mich nicht davon abhalten, dir zu folgen"

"אתה לא יכול למנוע ממני לעקוב אחריך"

nichts könnte Schönheit vom Gegenteil überzeugen

שום דבר לא יכול לשכנע את היופי אחרת

Sie bestand darauf, in den schönen Palast zu gehen

היא התעקשה ללכת לארמון המשובח

und ihre Schwestern waren erfreut über ihre Beharrlichkeit

ואחיותיה שמחו על התעקשותה

Der Kaufmann war besorgt bei dem Gedanken, seine Tochter zu verlieren

הסוחר היה מודאג מהמחשבה לאבד את בתו

er war so besorgt, dass er die Truhe voller Gold vergessen hatte

הוא היה כל כך מודאג ששכח מהחזה המלא בזהב

Abends begab er sich zur Ruhe und schloss die Tür seines Zimmers.

בלילה פרש למנוחה, וסגר את דלת חדרו

Dann fand er zu seinem großen Erstaunen den Schatz neben seinem Bett.

ואז, לתדהמתו הגדולה, הוא מצא את האוצר ליד מיטתו

er war entschlossen, es seinen Kindern nicht zu erzählen

הוא היה נחוש לא לספר לילדיו

Wenn sie es gewusst hätten, wären sie in die Stadt zurückgekehrt

אילו ידעו, הם היו רוצים לחזור לעיר

und er war entschlossen, das Land nicht zu verlassen

והוא נחוש בדעתו לא לעזוב את הכפר

aber er vertraute der Schönheit das Geheimnis

אבל הוא בטח ביופי עם הסוד

Sie teilte ihm mit, dass zwei Herren gekommen seien

היא הודיעה לו שבאו שני אדונים

und sie machten ihren Schwestern einen Heiratsantrag

והציעו הצעות לאחיותיה

Sie bat ihren Vater, ihrer Heirat zuzustimmen

היא התחננה בפני אביה שיסכים לנישואיהם

und sie bat ihn, ihnen etwas von seinem Vermögen zu geben

והיא ביקשה ממנו לתת להם מהונו

sie hatte ihnen bereits vergeben

היא כבר סלחה להם

Die bösen Kreaturen rieben ihre Augen mit Zwiebeln

היצורים הרשעים שפכו את עיניהם בבצל

um beim Abschied von der Schwester ein paar Tränen zu vergießen

לאלץ כמה דמעות כשהם נפרדו מאחותם

aber ihre Brüder waren wirklich besorgt

אבל האחים שלה באמת היו מודאגים

Schönheit war die einzige, die keine Tränen vergoss

היופי היה היחיד שלא הזיל דמעות

sie wollte ihr Unbehagen nicht vergrößern

היא לא רצתה להגביר את אי הנוחות שלהם

Das Pferd nahm den direkten Weg zum Palast

הסוס לקח את הדרך הישירה אל הארמון

und gegen Abend sahen sie den erleuchteten Palast

ולקראת ערב ראו את הארמון המואר

das Pferd begab sich wieder in den Stall

הסוס לקח את עצמו שוב לאורווה

und der gute Mann und seine Tochter gingen in die große Halle

והאיש הטוב ובתו נכנסו לאולם הגדול

hier fanden sie einen herrlich gedeckten Tisch

כאן הם מצאו שולחן מוגש להפליא

der Kaufmann hatte keinen Appetit zu essen

לסוחר לא היה תיאבון לאכול

aber die Schönheit bemühte sich, fröhlich zu erscheinen

אבל היופי השתדל להיראות עליז

sie setzte sich an den Tisch und half ihrem Vater

היא התיישבה ליד השולחן ועזרה לאביה

aber sie dachte auch bei sich:

אבל היא גם חשבה לעצמה :

„Das Biest will mich sicher mästen, bevor es mich frisst"

"בהמה בוודאי רוצה להשמין אותי לפני שהיא אוכלת אותי "

„deshalb sorgt er für so viel Unterhaltung"

"בגלל זה הוא מספק בידור בשפע "

Nachdem sie gegessen hatten, hörten sie ein großes Geräusch

לאחר שאכלו שמעו רעש גדול

und der Kaufmann verabschiedete sich mit Tränen in den Augen von seinem unglücklichen Kind

והסוחר נפרד מילדו האומלל, עם דמעות בעיניו

weil er wusste, dass das Biest kommen würde

כי הוא ידע שהחיה באה

Die Schönheit war entsetzt über seine schreckliche Gestalt

היופי היה מבועת מצורתו הנוראה

aber sie nahm ihren Mut zusammen, so gut sie konnte

אבל היא אזרה אומץ ככל יכולתה

und das Monster fragte sie, ob sie freiwillig mitkäme

והמפלצת שאלה אותה אם היא באה ברצון

"ja, ich bin freiwillig gekommen", sagte sie zitternd

"כן ,באתי מרצון ",היא אמרה רועדת

Das Tier antwortete: „Du bist sehr gut"

החיה הגיבה", ,אתה טוב מאוד "

„und ich bin Ihnen zu großem Dank verpflichtet, ehrlicher Mann"

"ואני מאוד מחויב לך ,איש ישר "

„Geht morgen früh eure Wege"

"לך בדרכך מחר בבוקר "

„aber denk nie daran, wieder hierher zu kommen"

"אבל לעולם אל תחשוב לבוא לכאן שוב "

„Lebe wohl, Schönheit, lebe wohl, Biest", antwortete er

"פרידה יופי ,חיית פרידה ",הוא ענה

und sofort zog sich das Monster zurück

ומיד נסוגה המפלצת

"Oh, Tochter", sagte der Kaufmann

"הו ,בת ",אמר הסוחר

und er umarmte seine Tochter noch einmal

והוא חיבק את בתו פעם נוספת

„Ich habe fast Todesangst"

"אני כמעט מפחד פחד מוות "

„glauben Sie mir, Sie sollten lieber zurückgehen"

"תאמין לי ,עדיף שתחזור "

„Lass mich hier bleiben, statt dir"

"תן לי להישאר כאן ,במקומך "

„Nein, Vater", sagte die Schönheit entschlossen

"לא ,אבא ",אמר יופי ,בנימה נחרצת

„Du sollst morgen früh aufbrechen"

"אתה תצא לדרך מחר בבוקר "

„überlasse mich der Obhut und dem Schutz der Vorsehung"

"תשאיר אותי לטיפול והגנת ההשגחה "

trotzdem gingen sie zu Bett

בכל זאת הם הלכו לישון

Sie dachten, sie würden die ganze Nacht kein Auge zutun

הם חשבו שהם לא יעצמו את עיניהם כל הלילה

aber als sie sich hinlegten, schliefen sie ein

אבל בדיוק כשהם שכבו הם ישנו

Die Schönheit träumte, eine schöne Dame kam und sagte zu ihr:

- 19 -

יופי חלם גברת יפה באה ואמרה לה :
„Ich bin zufrieden, Schönheit, mit deinem guten Willen"
"אני מרוצה ,יופי ,עם הרצון הטוב שלך "
„Diese gute Tat von Ihnen wird nicht unbelohnt bleiben"
"פעולה טובה זו שלך לא תעבור ללא תגמול "
Die Schöne erwachte und erzählte ihrem Vater ihren Traum
היופי התעוררה וסיפרה לאביה את חלומה
der Traum tröstete ihn ein wenig
החלום עזר לנחם אותו מעט
aber er konnte nicht anders, als bitterlich zu weinen, als er ging
אבל הוא לא יכול היה לבכות במרירות כשהוא עוזב
Sobald er weg war, setzte sich Schönheit in die große Halle und weinte ebenfalls
ברגע שהלך ,היופי התיישב באולם הגדול ובכה גם הוא
aber sie beschloss, sich keine Sorgen zu machen
אבל היא החליטה לא להיות לא רגועה
Sie beschloss, in der kurzen Zeit, die ihr noch zu leben blieb, stark zu sein
היא החליטה להיות חזקה במשך הזמן המועט שנותר לה לחיות
weil sie fest davon überzeugt war, dass das Biest sie fressen würde
כי היא האמינה בתוקף שהחיה תאכל אותה
Sie dachte jedoch, sie könnte genauso gut den Palast erkunden
עם זאת ,היא חשבה שהיא עשויה גם לחקור את הארמון
und sie wollte das schöne Schloss besichtigen
והיא רצתה לראות את הטירה המשובחת
ein Schloss, das sie bewundern musste
טירה שלא יכלה שלא להתפעל ממנה
Es war ein wunderbar angenehmer Palast
זה היה ארמון נעים להפליא
und sie war äußerst überrascht, als sie eine Tür sah
והיא הופתעה מאוד כשראתה דלת
und über der Tür stand, dass es ihr Zimmer sei
ומעל הדלת היה כתוב שזה החדר שלה
sie öffnete hastig die Tür

היא פתחה את הדלת בחיפזון
und sie war ganz geblendet von der Pracht des Raumes
והיא די הייתה מסונוורת מהפאר של החדר
was ihre Aufmerksamkeit vor allem auf sich zog, war eine große Bibliothek
מה שמשך בעיקר את תשומת ליבה היה ספרייה גדולה
ein Cembalo und mehrere Notenbücher
צ'מבלו וכמה ספרי נגינה
„Nun", sagte sie zu sich selbst
"טוב ",אמרה לעצמה
„Ich sehe, das Biest wird meine Zeit nicht verstreichen lassen"
" אני רואה שהחיה לא תיתן לזמן שלי להיות כבד"
dann dachte sie über ihre Situation nach
ואז היא הרהרה לעצמה על מצבה
„Wenn ich einen Tag bleiben sollte, wäre das alles nicht hier"
" אם הייתי אמור להישאר יום כל זה לא היה כאן"
diese Überlegung gab ihr neuen Mut
שיקול זה נתן לה השראה באומץ רענן
und sie nahm ein Buch aus ihrer neuen Bibliothek
והיא לקחה ספר מהספרייה החדשה שלה
und sie las diese Worte in goldenen Buchstaben:
והיא קראה את המילים האלה באותיות זהב :
„Begrüße Schönheit, vertreibe die Angst"
" ברוך הבא יופי, הרחיק את הפחד"
„Du bist hier Königin und Herrin"
" את המלכה והמאהבת כאן"
„Sprich deine Wünsche aus, sprich deinen Willen aus"
" אמר את משאלותיך, דבר את רצונך"
„Schneller Gehorsam begegnet hier Ihren Wünschen"
" צייתנות מהירה עונה על משאלותיך כאן"
"Ach", sagte sie mit einem Seufzer
" אוי ואבוי ",אמרה באנחה
„Am meisten wünsche ich mir, meinen armen Vater zu

sehen"

"יותר מהכל אני רוצה לראות את אבי המסכן"
„und ich würde gerne wissen, was er tut"
"והייתי רוצה לדעת מה הוא עושה"
Kaum hatte sie das gesagt, bemerkte sie den Spiegel
ברגע שאמרה את זה היא הבחינה במראה
zu ihrem großen Erstaunen sah sie ihr eigenes Zuhause im Spiegel
לתדהמתה הגדולה ראתה את ביתה במראה
Ihr Vater kam emotional erschöpft an
אביה הגיע מותש רגשית
Ihre Schwestern gingen ihm entgegen
אחיותיה הלכו לפגוש אותו
trotz ihrer Versuche, traurig zu wirken, war ihre Freude sichtbar
למרות ניסיונותיהם להיראות עצובים, שמחתם הייתה גלויה
einen Moment später war alles verschwunden
כעבור רגע הכל נעלם
und auch die Befürchtungen der Schönheit verschwanden
וגם החששות של היופי נעלמו
denn sie wusste, dass sie dem Tier vertrauen konnte
כי היא ידעה שהיא יכולה לסמוך על החיה
Mittags fand sie das Abendessen fertig
בצהריים היא מצאה ארוחת ערב מוכנה
sie setzte sich an den Tisch
היא התיישבה בעצמה ליד השולחן
und sie wurde mit einem Musikkonzert unterhalten
והיא השתעשעה בקונצרט של מוזיקה
obwohl sie niemanden sehen konnte
למרות שהיא לא יכלה לראות אף אחד
abends setzte sie sich wieder zum Abendessen
בלילה היא התיישבה שוב לארוחת ערב
diesmal hörte sie das Geräusch, das das Tier machte
הפעם היא שמעה את הרעש שהשמיעה החיה
und sie konnte nicht anders, als Angst zu haben
והיא לא יכלה שלא להיות מבועתת
"Schönheit", sagte das Monster

"יופי", אמרה המפלצת
"erlaubst du mir, mit dir zu essen?"

"אתה מרשה לי לאכול איתך?"
"Mach, was du willst", antwortete die Schönheit zitternd

"עשה כרצונך", ענתה היופי רועדת
„Nein", antwortete das Tier

"לא", ענתה החיה
„Du allein bist hier die Herrin"

"את לבד היא פילגש כאן"
„Sie können mich wegschicken, wenn ich Ärger mache"

"אתה יכול לשלוח אותי אם אני מטריד"
„schick mich fort, und ich werde mich sofort zurückziehen"

"שלח אותי משם ואני מיד אחזור בו"
„Aber sagen Sie mir: Finden Sie mich nicht sehr hässlich?"

"אבל, תגיד לי, אתה לא חושב שאני מאוד מכוער?"
„Das stimmt", sagte die Schönheit

"זה נכון", אמרה יופי
„Ich kann nicht lügen"

"אני לא יכול לשקר"
„aber ich glaube, Sie sind sehr gutmütig"

"אבל אני מאמין שאתה טוב מאוד"
„Das bin ich tatsächlich", sagte das Monster

"אני באמת", אמרה המפלצת
„Aber abgesehen von meiner Hässlichkeit habe ich auch keinen Verstand"

"אבל חוץ מהכיעור שלי, גם אין לי שכל"
„Ich weiß sehr wohl, dass ich ein dummes Wesen bin"

"אני יודע טוב מאוד שאני יצור טיפשי"
„Es ist kein Zeichen von Torheit, so zu denken", antwortete die Schönheit

"אין זה סימן לאיוולתם לחשוב כך", ענה יופי
„Dann iss, Schönheit", sagte das Monster

"אז תאכלי, יופי", אמרה המפלצת

- 23 -

„Versuchen Sie, sich in Ihrem Palast zu amüsieren"

"נסה לשעשע את עצמך בארמון שלך "

"alles hier gehört dir"

" הכל כאן שלך "

„Und ich wäre sehr unruhig, wenn Sie nicht glücklich wären"

" ואני אהיה מאוד לא רגוע אם לא היית מאושר "

„Sie sind sehr zuvorkommend", antwortete die Schönheit

"אתה מאוד מחייב ",ענה יופי

„Ich gebe zu, ich freue mich über Ihre Freundlichkeit"

" אני מודה שאני מרוצה מהאדיבות שלך "

„Und wenn ich über deine Freundlichkeit nachdenke, fallen mir deine Missbildungen kaum auf"

" וכשאני מתחשב בטוב לבך ,אני בקושי מבחין בעיוותיך "

„Ja, ja", sagte das Tier, „mein Herz ist gut

"כן ,כן ",אמרה החיה" ,הלב שלי טוב

„Aber obwohl ich gut bin, bin ich immer noch ein Monster"

" אבל למרות שאני טוב ,אני עדיין מפלצת "

„Es gibt viele Männer, die diesen Namen mehr verdienen als Sie."

"יש הרבה גברים שמגיע להם השם הזה יותר ממך "

„und ich bevorzuge dich, so wie du bist"

" ואני מעדיף אותך בדיוק כפי שאתה "

„und ich ziehe dich denen vor, die ein undankbares Herz verbergen"

" ואני מעדיף אותך יותר מאשר אלה המסתירים לב כפוי טובה "

"Wenn ich nur etwas Verstand hätte", antwortete das Biest

"לו רק היה לי קצת שכל ",ענתה החיה

„Wenn ich vernünftig wäre, würde ich Ihnen als Dank ein schönes Kompliment machen"

" אם היה לי הגיון הייתי נותן מחמאה יפה להודות לך "

"aber ich bin so langweilig"

" אבל אני כל כך משעמם "

„Ich kann nur sagen, dass ich Ihnen zu großem Dank

- 24 -

verpflichtet bin"

"אני רק יכול לומר שאני מאוד מחויב לך ."

Schönheit aß ein herzhaftes Abendessen

היופי אכל ארוחת ערב דשנה

und sie hatte ihre Angst vor dem Monster fast überwunden

והיא כמעט כבשה את אימתה מהמפלצת

aber sie wollte ohnmächtig werden, als das Biest ihr die nächste Frage stellte

אבל היא רצתה להתעלף כשהחיה שאלה אותה את השאלה הבאה

"Schönheit, willst du meine Frau werden?"

"יופי, האם תהיי אשתי ?"

es dauerte eine Weile, bis sie antworten konnte

לקח לה זמן עד שהספיקה לענות

weil sie Angst hatte, ihn wütend zu machen

כי היא פחדה לכעוס אותו

Schließlich sagte sie jedoch "nein, Biest"

אבל לבסוף היא אמרה" לא, בהמה "

sofort zischte das arme Monster ganz fürchterlich

מיד סיננה המפלצת המסכנה בצורה מפחידה מאוד

und der ganze Palast hallte

וכל הארמון הדהד

aber die Schönheit erholte sich bald von ihrem Schrecken

אבל היופי התאושש במהרה מפחדה

denn das Tier sprach wieder mit trauriger Stimme

כי חיה דיברה שוב בקול עגום

„Dann leb wohl, Schönheit"

"אז להתראות, יופי "

und er drehte sich nur ab und zu um

והוא רק הסתובב לאחור מדי פעם

um sie anzusehen, als er hinausging

להסתכל עליה כשהוא יצא

jetzt war die Schönheit wieder allein

עכשיו היופי שוב היה לבד

Sie empfand großes Mitgefühl

היא חשה מידה רבה של חמלה

„Ach, es ist tausendmal schade"

"אוי ואבוי, זה אלף רחמים "

„Etwas, das so gutmütig ist, sollte nicht so hässlich sein"

"כל דבר כל כך טוב לא צריך להיות כל כך מכוער"

Schönheit verbrachte drei Monate sehr zufrieden im Palast

היופי בילה שלושה חודשים בסיפוק רב בארמון

jeden Abend stattete ihr das Biest einen Besuch ab

כל ערב ביקרה אותה החיה

und sie redeten beim Abendessen

והם דיברו בסעודה

Sie sprachen mit gesundem Menschenverstand

הם דיברו בהיגיון בריא

aber sie sprachen nicht mit dem, was man als geistreich bezeichnet

אבל הם לא דיברו עם מה שאנשים מכנים עדות

Schönheit entdeckte immer einen wertvollen Charakter im Biest

היופי תמיד גילה איזו דמות בעלת ערך בחיה

und sie hatte sich an seine Missbildung gewöhnt

והיא התרגלה לעיוות שלו

sie fürchtete sich nicht mehr vor seinem Besuch

היא לא חששה יותר מזמן הביקור שלו

jetzt schaute sie oft auf die Uhr

כעת היא הסתכלה לעתים קרובות בשעון שלה

und sie konnte es kaum erwarten, bis es neun Uhr war

והיא לא יכלה לחכות שהשעה תהיה תשע

denn das Tier kam immer zu dieser Stunde

כי החיה לא החמיצה לבוא באותה שעה

Es gab nur eine Sache, die Schönheit betraf

היה רק דבר אחד שנגע ביופי

jeden Abend, bevor sie ins Bett ging, stellte ihr das Biest die gleiche Frage

כל ערב לפני שהיא הלכה לישון, החיה שאלה אותה את אותה שאלה

Das Monster fragte sie, ob sie seine Frau werden wolle

המפלצת שאלה אותה אם היא תהיה אשתו

Eines Tages sagte sie zu ihm: „Biest, du machst mir große Sorgen."

"יום אחד היא אמרה לו, בהמה, אתה מדאיג אותי מאוד"

„Ich wünschte, ich könnte einwilligen, dich zu heiraten"
"הלוואי שיכולתי להסכים להתחתן איתך"
„Aber ich bin zu aufrichtig, um dir zu glauben zu machen, dass ich dich heiraten würde"
"אבל אני כן מכדי לגרום לך להאמין שאתחתן איתך"
„Unsere Ehe wird nie stattfinden"
"הנישואים שלנו לעולם לא יקרו"
„Ich werde dich immer als Freund sehen"
"תמיד אראה אותך כחבר"
„Bitte versuchen Sie, damit zufrieden zu sein"
"אנא נסה להיות מרוצה מזה"
„Damit muss ich zufrieden sein", sagte das Tier
"אני חייב להיות מרוצה מזה," אמרה החיה
„Ich kenne mein eigenes Unglück"
"אני יודע את המזל שלי"
„aber ich liebe dich mit der zärtlichsten Zuneigung"
"אבל אני אוהב אותך בחיבה העדינה ביותר"
„Ich sollte mich jedoch als glücklich betrachten"
"עם זאת, אני צריך להחשיב את עצמי כמאושר"
"und ich würde mich freuen, wenn du hier bleibst"
"ואני צריך להיות שמח שאתה תישאר כאן"
„versprich mir, mich nie zu verlassen"
"תבטיח לי לעולם לא לעזוב אותי"
Schönheit errötete bei diesen Worten
היופי הסמיק למילים האלה
Eines Tages schaute die Schönheit in ihren Spiegel
יום אחד היופי הסתכלה במראה שלה
ihr Vater hatte sich schreckliche Sorgen um sie gemacht
אביה דאג שהוא חולה בשבילה
sie sehnte sich mehr denn je danach, ihn wiederzusehen
היא השתוקקה לראות אותו שוב יותר מתמיד
„Ich könnte versprechen, dich nie ganz zu verlassen"
"יכולתי להבטיח לעולם לא לעזוב אותך לגמרי"
„aber ich habe so ein großes Verlangen, meinen Vater zu sehen"

"אבל יש לי כל כך רצון לראות את אבי"
„Ich wäre unendlich verärgert, wenn Sie nein sagen würden"

"אני אהיה מוטרד אם תגיד לא"
"Ich würde lieber selbst sterben", sagte das Monster

"הייתי מעדיפה למות בעצמי", אמרה המפלצת
„Ich würde lieber sterben, als dir Unbehagen zu bereiten"

"אני מעדיף למות מאשר לגרום לך להרגיש אי שקט"
„Ich werde dich zu deinem Vater schicken"

"אני אשלח אותך לאביך"
„Du sollst bei ihm bleiben"

"אתה תישאר איתו"
"und dieses unglückliche Tier wird stattdessen vor Kummer sterben"

"והחיה האומללה הזו תמות בצער במקום"
"Nein", sagte die Schönheit weinend

"לא", אמרה יפהפייה ובוכה
„Ich liebe dich zu sehr, um die Ursache deines Todes zu sein"

"אני אוהב אותך יותר מדי מכדי להיות הגורם למוות שלך"
„Ich verspreche Ihnen, in einer Woche wiederzukommen"

"אני נותן לך את ההבטחה שלי לחזור בעוד שבוע"
„Du hast mir gezeigt, dass meine Schwestern verheiratet sind"

"הראית לי שהאחיות שלי נשואות"
„und meine Brüder sind zur Armee gegangen"

"והאחים שלי הלכו לצבא"
"Lass mich eine Woche bei meinem Vater bleiben, da er allein ist"

"תן לי להישאר שבוע עם אבי, כי הוא לבד"
"Morgen früh wirst du dort sein", sagte das Tier

"אתה תהיה שם מחר בבוקר", אמרה החיה
„Aber denk an dein Versprechen"

"אבל זכור את ההבטחה שלך"
„Sie brauchen Ihren Ring nur auf den Tisch zu legen, bevor Sie zu Bett gehen."
"אתה צריך רק להניח את הטבעת שלך על שולחן לפני שאתה הולך לישון"
"Und dann werdet ihr vor dem Morgen zurückgebracht"
"ואז יחזירו אותך לפני הבוקר"
„Lebe wohl, liebe Schönheit", seufzte das Tier
"פרידה יפהפייה יקרה", נאנחה החיה
Die Schönheit ging an diesem Abend sehr traurig ins Bett
היופי הלך לישון עצוב מאוד באותו לילה
weil sie das Tier nicht so besorgt sehen wollte
כי היא לא רצתה לראות את החיה מודאגת כל כך
am nächsten Morgen fand sie sich im Haus ihres Vaters wieder
למחרת בבוקר היא מצאה את עצמה בבית אביה
sie läutete eine kleine Glocke neben ihrem Bett
היא צלצלה בפעמון קטן ליד מיטתה
und das Dienstmädchen stieß einen lauten Schrei aus
והעוזרת צעקה בקול רם
und ihr Vater rannte nach oben
ואביה רץ למעלה
er dachte, er würde vor Freude sterben
הוא חשב שהוא עומד למות משמחה
er hielt sie eine Viertelstunde lang in seinen Armen
הוא החזיק אותה בזרועותיו במשך רבע שעה
irgendwann waren die ersten Grüße vorbei
בסופו של דבר הסתיימו הברכות הראשונות
Schönheit begann daran zu denken, aus dem Bett zu steigen
היופי התחיל לחשוב על לקום מהמיטה
aber sie merkte, dass sie keine Kleidung mitgebracht hatte
אבל היא הבינה שהיא לא הביאה בגדים
aber das Dienstmädchen sagte ihr, sie habe eine Kiste gefunden
אבל המשרתת אמרה לה שמצאה קופסה
der große Koffer war voller Kleider und Kleider
תא המטען הגדול היה מלא בשמלות ושמלות

jedes Kleid war mit Gold und Diamanten bedeckt

כל שמלה הייתה מכוסה בזהב ויהלומים

Schönheit dankte dem Tier für seine freundliche Pflege

היופי הודה לחיות על הטיפול האדיב שלו

und sie nahm eines der schlichtesten Kleider

והיא לקחה את אחת השמלות הפשוטות ביותר

Die anderen Kleider wollte sie ihren Schwestern schenken

היא התכוונה לתת את השמלות האחרות לאחיותיה

aber bei diesem Gedanken verschwand die Kleidertruhe

אבל באותו מחשבה נעלמה שידת הבגדים

Das Biest hatte darauf bestanden, dass die Kleidung nur für sie sei

החיה התעקשה שהבגדים מיועדים לה בלבד

ihr Vater sagte ihr, dass dies der Fall sei

אביה אמר לה שזה המצב

und sofort kam die Kleidertruhe wieder zurück

ומיד חזר שוב תא הבגדים

Schönheit kleidete sich mit ihren neuen Kleidern

היפהפייה התלבשה בבגדיה החדשים

und in der Zwischenzeit gingen die Mägde los, um ihre Schwestern zu finden

ובינתיים הלכו משרתות למצוא את אחיותיה

Ihre beiden Schwestern waren mit ihren Ehemännern

שתי אחיותה היו עם בעליהם

aber ihre beiden Schwestern waren sehr unglücklich

אבל שתי אחיותיה היו מאוד אומללות

Ihre älteste Schwester hatte einen sehr gutaussehenden Herrn geheiratet

אחותה הבכורה התחתנה עם ג'נטלמן נאה מאוד

aber er war so selbstgefällig, dass er seine Frau vernachlässigte

אבל הוא כל כך אהב את עצמו שהוא הזניח את אשתו

Ihre zweite Schwester hatte einen geistreichen Mann geheiratet

אחותה השנייה התחתנה עם גבר שנון

aber er nutzte seinen Witz, um die Leute zu quälen

אבל הוא השתמש בעדינותו כדי לייסר אנשים

und am meisten quälte er seine Frau

והוא ייסר את אשתו יותר מכל
Die Schwestern der Schönheit sahen sie wie eine Prinzessin gekleidet
האחיות של היופי ראו אותה לבושה כמו נסיכה
und sie waren krank vor Neid
והם חלו בקנאה
jetzt war sie schöner als je zuvor
עכשיו היא הייתה יפה מתמיד
ihr liebevolles Verhalten konnte ihre Eifersucht nicht unterdrücken
התנהגותה החיבה לא יכלה לחנוק את קנאתם
Sie erzählte ihnen, wie glücklich sie mit dem Tier war
היא סיפרה להם כמה היא שמחה עם החיה
und ihre Eifersucht war kurz vor dem Platzen
וקנאתם הייתה מוכנה להתפוצץ
Sie gingen in den Garten, um über ihr Unglück zu weinen
הם ירדו לגן לבכות על המזל שלהם
„Inwiefern ist dieses kleine Geschöpf besser als wir?"
"באיזה אופן היצור הקטן הזה טוב מאיתנו ?"
„Warum sollte sie so viel glücklicher sein?"
"למה היא צריכה להיות כל כך הרבה יותר שמחה ?"
„Schwester", sagte die ältere Schwester
"אחותי ", אמרה האחות הגדולה
„Mir ist gerade ein Gedanke gekommen"
"מחשבה בדיוק עלתה במוחי "
„Versuchen wir, sie länger als eine Woche hier zu behalten"
"בוא ננסה להשאיר אותה כאן יותר משבוע "
„Vielleicht macht das das dumme Monster wütend"
"אולי זה יכעיס את המפלצת המטופשת "
„weil sie ihr Wort gebrochen hätte"
"כי היא הייתה שוברת את המילה שלה "
"und dann könnte er sie verschlingen"
"ואז הוא עלול לטרוף אותה "
"Das ist eine tolle Idee", antwortete die andere Schwester
"זה רעיון מצוין ", ענתה האחות השנייה
„Wir müssen ihr so viel Freundlichkeit wie möglich

entgegenbringen"

"אנחנו חייבים להראות לה כמה שיותר טוב לב "

Die Schwestern fassten den Entschluss

האחיות החליטו על כך

und sie verhielten sich sehr liebevoll gegenüber ihrer Schwester

והם התנהגו בחיבה רבה לאחותם

Die arme Schönheit weinte vor Freude über all ihre Freundlichkeit

היופי המסכן בכה משמחה מכל טוב לבם

Als die Woche um war, weinten sie und rauften sich die Haare

כשהשבוע תם, הם בכו וקרעו את שיערם

es schien ihnen so leid zu tun, sich von ihr zu trennen

הם נראו כל כך מצטערים להיפרד ממנה

und die Schönheit versprach, noch eine Woche länger zu bleiben

והיופי הבטיח להישאר שבוע יותר

In der Zwischenzeit konnte die Schönheit nicht umhin, über sich selbst nachzudenken

בינתיים, היופי לא יכלה שלא להרהר בעצמה

sie machte sich Sorgen darüber, was sie dem armen Tier antat

היא דאגה מה היא עושה לחיה המסכנה

Sie wusste, dass sie ihn aufrichtig liebte

היא יודעת שהיא אהבה אותו בכנות

und sie sehnte sich wirklich danach, ihn wiederzusehen

והיא באמת השתוקקה לראות אותו שוב

Auch die zehnte Nacht verbrachte sie bei ihrem Vater

גם את הלילה העשירי שהיא בילתה אצל אביה

sie träumte, sie sei im Schlossgarten

היא חלמה שהיא בגן הארמון

und sie träumte, sie sähe das Tier ausgestreckt im Gras liegen

והיא חלמה שראתה את החיה מורחבת על הדשא

er schien ihr mit sterbender Stimme Vorwürfe zu machen

הוא כאילו נזף בה בקול גוסס

und er warf ihr Undankbarkeit vor

והוא האשים אותה בחוסר תודה

Schönheit erwachte aus ihrem Schlaf

היופי התעוררה משנתה

und sie brach in Tränen aus

והיא פרצה בבכי

„Bin ich nicht sehr böse?"

"האם אני לא מאוד רשע "?

„War es nicht grausam von mir, so unfreundlich gegenüber dem Tier zu sein?"

"האם זה לא היה אכזרי מצידי להתנהג בצורה כל כך לא טובה כלפי החיה "?

„Das Biest hat alles getan, um mir zu gefallen"

"בהמה עשתה הכל כדי לרצות אותי "

"Ist es seine Schuld, dass er so hässlich ist?"

"האם זו אשמתו שהוא כל כך מכוער "?

„Ist es seine Schuld, dass er so wenig Verstand hat?"

"האם זו אשמתו שיש לו כל כך מעט שנינות "?

„Er ist freundlich und gut, und das genügt"

"הוא אדיב וטוב, וזה מספיק "

„Warum habe ich mich geweigert, ihn zu heiraten?"

"למה סירבתי להתחתן איתו "?

„Ich sollte mit dem Monster glücklich sein"

"אני צריך להיות שמח עם המפלצת "

„Schau dir die Männer meiner Schwestern an"

"תסתכל על הבעלים של האחיות שלי "

„Weder Witz noch Schönheit machen sie gut"

"לא עדות, ולא ישוח נאה עושה אותם טובים "

„Keiner ihrer Ehemänner macht sie glücklich"

"אף אחד מהבעלים שלהם לא משמח אותם "

„sondern Tugend, Sanftmut und Geduld"

"אבל סגולה, מתיקות מזג וסבלנות "

„Diese Dinge machen eine Frau glücklich"

"הדברים האלה עושים אישה מאושרת "

„und das Tier hat all diese wertvollen Eigenschaften"

"ולחיה יש את כל התכונות החשובות האלה "

„es ist wahr, ich empfinde keine Zärtlichkeit und Zuneigung für ihn"

"זה נכון; אני לא מרגיש את העדינות של החיבה אליו "

„aber ich empfinde für ihn die allergrößte Dankbarkeit"

"אבל אני מוצא שיש לי את הכרת הטוב הגבוהה ביותר עבורו "

„und ich habe die höchste Wertschätzung für ihn"

"ואני מעריך אותו הכי גבוה "

"und er ist mein bester Freund"

"והוא החבר הכי טוב שלי "

„Ich werde ihn nicht unglücklich machen"

"אני לא אעשה אותו אומלל "

„Wenn ich so undankbar wäre, würde ich mir das nie verzeihen"

"אם הייתי כל כך כפוי טובה, לעולם לא הייתי סולח לעצמי "

Schönheit legte ihren Ring auf den Tisch

היופי הניחה את הטבעת שלה על השולחן

und sie ging wieder zu Bett

והיא שוב הלכה לישון

kaum war sie im Bett, da schlief sie ein

מעט היא הייתה במיטה לפני שנרדמה

Sie wachte am nächsten Morgen wieder auf

היא התעוררה שוב למחרת בבוקר

und sie war überglücklich, sich im Palast des Tieres wiederzufinden

והיא שמחה מאוד למצוא את עצמה בארמון החיה

Sie zog eines ihrer schönsten Kleider an, um ihm zu gefallen

היא לבשה את אחת השמלות הכי יפות שלה כדי לרצות אותו

und sie wartete geduldig auf den Abend

והיא חיכתה בסבלנות לערב

kam die ersehnte Stunde

הגיעה השעה המיוחלת

die Uhr schlug neun, doch kein Tier erschien

השעון צלצל בתשע, ובכל זאת שום חיה לא הופיעה

Schönheit befürchtete dann, sie sei die Ursache seines Todes gewesen

היופי חשש אז שהיא הייתה הסיבה למותו

Sie rannte weinend durch den ganzen Palast

היא רצה בוכה מסביב לארמון

nachdem sie ihn überall gesucht hatte, erinnerte sie sich an ihren Traum

לאחר שחיפשה אותו בכל מקום, היא נזכרה בחלומה

und sie rannte zum Kanal im Garten

והיא רצה אל התעלה שבגן

Dort fand sie das arme Tier ausgestreckt

שם היא מצאה חיה מסכנה פרושה

und sie war sicher, dass sie ihn getötet hatte

והיא הייתה בטוחה שהיא הרגה אותו

sie warf sich ohne Furcht auf ihn

היא השליכה את עצמה עליו ללא כל פחד

sein Herz schlug noch

הלב שלו עדיין הלם

sie holte etwas Wasser aus dem Kanal

היא הביאה מעט מים מהתעלה

und sie goss das Wasser über seinen Kopf

והיא שפכה את המים על ראשו

Das Tier öffnete seine Augen und sprach mit der Schönheit

החיה פקחה את עיניו ודיברה אל היופי

„Du hast dein Versprechen vergessen"

"שכחת את ההבטחה שלך"

„Es hat mir das Herz gebrochen, dich verloren zu haben"

"כל כך נשבר לי הלב שאיבדתי אותך"

„Ich beschloss, zu hungern"

"החלטתי להרעיב את עצמי"

„aber ich habe das Glück, Sie wiederzusehen"

"אבל יש לי את האושר לראות אותך פעם נוספת"

„so habe ich das Vergnügen, zufrieden zu sterben"

"אז יש לי את העונג למות מרוצה"

„Nein, liebes Tier", sagte die Schönheit, „du darfst nicht sterben"

"לא, חיה יקרה ",אמרה יפהפיה", אסור לך למות"

„Lebe, um mein Ehemann zu sein"

"חי להיות בעלי "

„Von diesem Augenblick an reiche ich dir meine Hand"

"מהרגע הזה אני נותן לך את ידי "

„und ich schwöre, niemand anderes als Dein zu sein"

"ואני נשבע שלא אהיה מלבדך "

„Ach! Ich dachte, ich hätte nur Freundschaft für dich."

"אוי ואבוי !חשבתי שיש לי רק ידידות בשבילך "

"aber der Kummer, den ich jetzt fühle, überzeugt mich;"

"אבל הצער שאני חש כעת משכנע אותי ";

„Ich kann nicht ohne dich leben"

"אני לא יכול לחיות בלעדיך "

Schönheit hatte diese Worte kaum gesagt, als sie ein Licht sah

יופי כמעט לא אמרה את המילים האלה כשראתה אור

der Palast funkelte im Licht

הארמון נוצץ באור

Feuerwerk erleuchtete den Himmel

זיקוקים האירו את השמים

und die Luft erfüllt mit Musik

והאוויר התמלא במוזיקה

alles kündigte ein großes Ereignis an

הכל הודיע על איזה אירוע גדול

aber nichts konnte ihre Aufmerksamkeit fesseln

אבל שום דבר לא הצליח לעצור את תשומת לבה

sie wandte sich ihrem lieben Tier zu

היא פנתה אל החיה היקרה שלה

das Tier, vor dem sie vor Angst zitterte

החיה שבשבילה רעדה מפחד

aber ihre Überraschung über das, was sie sah, war groß!

אבל ההפתעה שלה הייתה גדולה ממה שהיא ראתה !

das Tier war verschwunden

החיה נעלמה

stattdessen sah sie den schönsten Prinzen

במקום זאת היא ראתה את הנסיך היפה ביותר

sie hatte den Zauber beendet

היא שמה קץ ללחש
ein Zauber, unter dem er einem Tier ähnelte
כישוף שבו הוא דומה לבהמה
dieser Prinz war all ihre Aufmerksamkeit wert
הנסיך הזה היה ראוי לכל תשומת לבה
aber sie konnte nicht anders und musste fragen, wo das Biest war
אבל היא לא יכלה שלא לשאול איפה החיה
„Du siehst ihn zu deinen Füßen", sagte der Prinz
"אתה רואה אותו לרגליך", אמר הנסיך
„Eine böse Fee hatte mich verdammt"
"פיה מרושעת גינתה אותי"
„Ich sollte diese Gestalt behalten, bis eine wunderschöne Prinzessin einwilligte, mich zu heiraten."
"הייתי צריך להישאר במצב הזה עד שנסיכה יפה הסכימה להתחתן איתי"
„Die Fee hat mein Verständnis verborgen"
"הפיה הסתירה את ההבנה שלי"
„Du warst der Einzige, der großzügig genug war, um von meiner guten Laune bezaubert zu sein."
"היית היחיד הנדיב מספיק כדי להיות מוקסם מטוב המזג שלי"
Schönheit war angenehm überrascht
היופי הופתע בשמחה
und sie gab dem bezaubernden Prinzen ihre Hand
והיא נתנה לנסיך המקסים את ידה
Sie gingen zusammen ins Schloss
הם נכנסו יחד לטירה
und die Schöne war überglücklich, ihren Vater im Schloss zu finden
והיופי שמח מאוד למצוא את אביה בטירה
und ihre ganze Familie war auch da
וכל המשפחה שלה גם הייתה שם
sogar die schöne Dame, die in ihrem Traum erschienen war, war da
אפילו הגברת היפה שהופיעה בחלומה הייתה שם
"Schönheit", sagte die Dame aus dem Traum

"יופי", אמרה הגברת מהחלום
„Komm und empfange deine Belohnung"
"בוא וקבל את הפרס שלך"
„Sie haben die Tugend dem Witz oder dem Aussehen vorgezogen"
"העדפת מעלה על שנינות או מראה"
„und Sie verdienen jemanden, in dem diese Eigenschaften vereint sind"
"ומגיע לך מישהו שהתכונות הללו מאוחדות בו"
„Du wirst eine großartige Königin sein"
"את הולכת להיות מלכה גדולה"
„Ich hoffe, der Thron wird deine Tugend nicht schmälern"
"אני מקווה שהכס לא יפחית את מעלתך"
Dann wandte sich die Fee an die beiden Schwestern
ואז פנתה הפיה לשתי האחיות
„Ich habe in eure Herzen geblickt"
"ראיתי בתוך לבך"
„und ich kenne die ganze Bosheit, die in euren Herzen steckt"
"ואני יודע את כל הזדון שהלב שלך מכיל"
„Ihr beide werdet zu Statuen"
"שניכם תהפכו לפסלים"
„Aber ihr werdet euren Verstand bewahren"
"אבל אתה תשמור על דעתך"
„Du sollst vor den Toren des Palastes deiner Schwester stehen"
"תעמוד בשערי ארמון אחותך"
„Das Glück deiner Schwester soll deine Strafe sein"
"האושר של אחותך יהיה העונש שלך"
„Sie werden nicht in Ihren früheren Zustand zurückkehren können"
"לא תוכל לחזור למדינותיך לשעבר"
„es sei denn, Sie beide geben Ihre Fehler zu"
"אלא אם כן, שניכם מודים בטעויותיכם"

„Aber ich sehe voraus, dass ihr immer Statuen bleiben werdet"

"אבל אני צופה שתמיד תישארו פסלים"

„Stolz, Zorn, Völlerei und Faulheit werden manchmal besiegt"

"גאווה, כעס, גרגרנות ובטלה נכבשים לפעמים"

„aber die Bekehrung neidischer und böswilliger Gemüter sind Wunder"

"אבל ההמרה של מוחות קנאים וזדוניים הם ניסים"

sofort strich die Fee mit ihrem Zauberstab

מיד הפיה נתנה שבץ עם השרביט שלה

und im nächsten Augenblick waren alle im Saal entrückt

ותוך רגע הועברו כל שהיו באולם

Sie waren in die Herrschaftsgebiete des Fürsten eingedrungen

הם נכנסו למחוזותיו של הנסיך

die Untertanen des Prinzen empfingen ihn mit Freude

נתיניו של הנסיך קיבלו אותו בשמחה

der Priester heiratete die Schöne und das Biest

הכומר התחתן עם היפה והחיה

und er lebte viele Jahre mit ihr

והוא חי איתה שנים רבות

und ihr Glück war vollkommen

ואושרם היה שלם

weil ihr Glück auf Tugend beruhte

כי האושר שלהם הושתת על סגולה

Das Ende
הסוף

www.ingramcontent.com/pod-product-compliance
Lightning Source LLC
Chambersburg PA
CBHW011554070526
44585CB00023B/2596